Le Martyre de Frere
IACQVES CLEMENT
de l'ordre S. Dominique.

Contenant au vray toutes les particularitez
plus remarquables de sa saincte resolution
& tresheureuse entreprise à l'en-
contre de Henry de Valois.

A TROYES,
Par Iean Moreau, M. Imprimeur
de la Saincte Vnion.

Auec Priuilege du Roy.

SONET.

CE Pere tout-puissant plein de toute clemence,
Qui benin sans siller sur nous iette ses yeux,
A voulu qu'vn Clemét d'vn coup industrieux
Au besoin mit à mort le tyran de la France.

Iadis au bon Noël il donna deliurance,
Le sauuant dans sa nef des flots impetueux,
Par deux petis pasteurs il sauua les hebreux,
Par Iudith Bethulie il osta de souffrance.

Moyse faict sauuer le peuple de la Mer,
Et David au combat sans se vouloir armer
Du geant Goliat chastie l'arrogance.

C'est beaucoup que cela, mais bien plus excellent,
Est le salut donné aux François par Clement,
Qui d'vn coup à tué le grand monstre de France.

QVATRAIN.

LE iour des massacres à Blois
Estoit la feste sainct Clement,
Et à sainct Clou le mot Clement
Quand Clement tua de Valois.

LE MARTYRE DE
FRERE IACQVES
Clement.

E grand & excellent perſonnage, Thales Mileſien, apres
eſtre de retour d'vn tresgrãd
& long voyage, viſité de ſes
amis fut par aucuns interro-
gé de ce qu'il auoit plus re-
marqué & recogneu de plus rare en ceſte
ſienne peregrination, reſpõdit, Que ce qu'il
auoit eſtimé pour le plus rare eſtoit, qu'il a-
uoit veu vn viel tyran : Signifiant, & nous
apprenant par ceſte belle reſponce que le
propre de la vie des tyrans eſt ſemblable a
celle des porceaux, viuans plongez & em-
bourbez au milieu de leurs plaiſirs, voluptés
& concupiſcences : Mais auſsi courte eſt teſte vie que celle du porc, qui n'attent que
l'heure que l'on luy vienne mettre le cou-
ſteau dans la gorge, d'autant que le tyran
pour ioüir de ſes desbordees voluptez ne
veut receuoir aucun bon ſaint & ſalubre ad-
uertiſſement, comme dit tres-bien ce grand
Roy Dauid *Noluit intelligere vt bene ageret* : Il
n'a point voulu entendre, afin qu'il ne fiſt

A ij

bien,ains au coutraire bouchant les yeux &
les oreilles à toute remonstrance,se precipi-
te a ce qui est de son particulier vouloir , &
se dépestrer au peril des biens & des vies de ceux qu'il soupçonne seulemét luy apporter resistence : Et par ce moyen comme
il faict mal a vn chacun,chacun aussi conspi-
re contre luy,qui est la cause & raison pour
laquelle le tyran ne la faict pas longue au
monde : Ioint aussi que Dieu qui permet
regner les tyrans pour chastier les peuples,
les endure pour vn temps,comme le bon pere de famille gardera quelque téps le foüet
& les verges desquelles il chastie ses enfans,
& apres qu'il recognoist son fils estre aman-
dé iette les verges dans le feu. Ainsi dis-ie
ceste bonte diuine,qui apres nous auoir cha-
stiez par vn tyran,ne le permet tousiours regner en sa tyrannie,en fin le perd,le ruine,&
extermine. Sur la premiere raison alleguee
Periander conseilloit aux Princes que s'ils
desiroiét regner auec seure perpetuité qu'ils
allassent plus enuironnez d'amour que d'armes. Senecque au liure de la clemence dict,
qu'il n'y a chose plus seante au Prince que la
clemence , pource que le Prince doit estre
comme le Roy des petites abeilles, qui porte l'éguillon sans pourtant en piquer ou tra-
uailler les autres que bien rarement. Car
encores que le Prince ait puissance de corri-
ger & chastier,si ne le doit-il faire qu'au grád

besoin, afin qu'il soit pluftoft eftimé miferi-
cordieux que cruel, fuiuant la doctrine des
faincts Canons, au chapitre qui commence,
Exigunt caufæ 1. 4. 7. que la mifericorde
doit eftre preferee à la rigueur.

Ce fut ce qu'vn grand Philofophe prudét
& fage, & d'vn fingulier efprit, voulut apprendre & monftrer a Euilmerodach Roy
de Babilone, Prince cruel, turbulant & fort
infolent, de combien il fe fouruoyoit du
droict fentier de fon gouuernement luy in-
uenta le ieu des Efchets, afin qu'en iouant il
aduifaft la manfuetude que le Roy à au Ta-
blier, & le peu de difference qu'il y a de luy
aux peons, quand le ieu eft acheué & q̃ toutes les pieces font mifes en la bourfe, pour &
en cefte confideration il laiffaft fon impetu-
eufe colere, & rigoureufe feuerité, & aimaft
la douce benignité & pitoyable cleméce, &
deffift la roüe de fa vaine fantafie, & s'accor-
daft qu'il eftoit mortel. A faute dequoy a-
uoir pris garde, plufieurs, & la plufpart des
grands font tombez en ceft erreur, que pour
quelque fubiect, ou pour quelque occafion
que ce fuft, qu'ils commendaffent au peuple
fans qu'il luy fuft permis de refpõdre vn feul
mot, ils debuoient eftre obeys, erreur & he-
refie, mais pluftoft tres-malheureux atheif-
me, le plus mefchant, le plus pernicieux & le
plus damnable, non feulement pour le peuple, mais beaucoup plus pour les Príces mef-

A iij

mes, qui iamais ait esté entre tous les autres,
d'autant qu'il les meine à l'eternelle ruine de
leurs biens, de leurs honneurs, de leurs corps
& de leurs ames : Ne se pouuant remarquer
aucun Monarque, Roy, Prince, ou autre ayāt
commandement, qui ait voulu attenter à la
tyrannie, qui ne soit mort & peri miserablement. Les Histoires, tant sainctes que pro-
phanes, en sont pleines : Quel succez a eu la
puissance de la tyrannie d'vn Pharaon ? que
apres tāt de charges, de daces, d'imposts, ve-
xations & trauaux faicts aux Israëlites, il a-
cheua se submerger en la mer rouge, auec
tout son exercite, & perdit le corps & l'ame,
ensemble le Royaume, & gaigna perpetuelle infamie, & obscurcit pour tousiours son
nom. Que profita au puissant Sennacherib
Roy des Assiriens, de tyranniquement vouloir occuper les terres & Royaumes, nō seulement de ses voisins, mais de tout le monde,
veu qu'en vne nuict il perdit son exercite, &
que les Anges coupperent la gorge à cent
huictante mil hommes au camp, dont il s'en-
fuit par grande honte & ignominie ? Dieu
luy rompit soudainement ses faulses esperā-
ces, & luy coupa le fil de ses superbes & vaines poursuittes, & permit qu'il fut dagué par
les mains de ses propres enfans, & que son
sang & ses entrailles le persecutassent & le
tuassent, pource que fuyant de son armee re-
broussa en son pays pleurant son malheur, &

se fondant en larmes fans fçauoir encores ce
que le monde luy ourdiffoit : Car penfant
trouuer refrigere ou confolation parmy les
fiens, trouua perfidies, defloyautez & trahi-
fons, & fut maffacré de la main mefme de celuy qu'il auoit engendré. Que font deuenus
& dequoy profita la tyrannie à vn Denis le
tyran, Phalaris cruel, vn Tarquin le fuperbe, puis qu'ils furent ignominieufemét chaf-
fez de leurs Royaumes, & defpouillez de
toutes leurs richeffes auec grand honte &
opprobre. Quel honneur y acquift Iulius
Cefar, Empereur Romain, perdant la vie &
quant & quant gaigna le nom de fuperbe &
tyran, il fut fi viuement efpoinçonné de l'ef-
peron de l'ambition qu'il fe laiffa aller à la
vanité, nourriffant dans fon eftomach raci-
nes fi profondes, qu'il vint finalement à tra-
hir fa patrie, celle qui auparauant eftoit li-
bre, fut ferue & fubiecte, & eftant guerie, au
lieu qu'elle euft trouué liberté enuers quelque eftranger, elle fut captiue de fon propre citoyen : à raifon dequoy foixante Se-
nateurs, ou plus, coniurerent à l'encontre de
luy, ainfi que racompte Eutropius fur la fin
du 6. liure, & Suetonius Tráquilus en fa vie,
& luy donnerent dans le Senat vingt & trois
coups de dague defquels il mourut incontinent.

C'eft la fin malheureufe, miferable & ordinaire de tous ceux qui ont voulu fuiure ce

chemin de la tyrannie. Comment en print-il encores à vn Roboam, qui sans vouloir prester l'oreille, & croire au sainct & salubre conseil des anciens les reietta, & suiuant l'aduis de ses ieunes folastrés mignons, surchargea le peuple, qui en fin reuolté le dechassa honteusement du Royaume. Quelle fin eut Achab & Iezabel, l'vn mourant miserablement en guerre, voire mesme au lieu ou il auoit faict massacrer l'innocent Naboth, & sa malheureuse Iezabel iettee par le commandement de Iehu, & precipitee par les fenestres du Chasteau, fut mãgee & deuoree par les chiens. C'est la iuste punition de Dieu, à l'endroit des tyrans : car encores que pour vn temps ils exercent leur tyrannie, ce tẽps est bref, il est court, & lors qu'ils estimẽt estre plus fortifiez en icelle, c'est lors que ceste iustice vengeresse les faict trebuscher & tomber.

Mais, ô François, que nous sert la recherche de la fin des tyrans, puisque la fin miserable du tyran de la France, Henry de Valois, nous doit seruir plus que tous les exemples que nous pourrions aller mandier d'ailleurs, pour represẽter & tesmoigner à la posterité de combien ce Dieu tant puissant est seuere en ses chastimens à l'endroit de ceux qui soubs son authorité delaissent ce qu'ils deuroient auoir de plus propre, & plus approchant de luy, qui est la misericorde, pour

exercer

exercer la cruauté, la rigueur & la tyrannie
ainſi que nous verrons & deduirons par le
diſcours tres-veritable de ceſte hiſtoire plus
que tragique, par laquelle nous verrons le
ſoin & l'œil ouuert de la prouidence celeſte
ſur nous, confondant par vn ſeul clein d'œil
toutes les ruſes, cautelles, machinatiõs & en-
treprinſes que ce maudit & malheureux
Henry Atheiſte, & Henry le Biarnois Heretique, enſemble tous les fauteurs, adherans
& Politiques de meſme farine, auroiết depuis
long-temps pourpenſé & machiné contre nous, afin qu'é ceſte recognoiſſance auec
le Prophete Royal Dauid, nous diſſons, *Di-*
cant nunc qui redempti ſunt à Domino, confitemini dó-
mino, quoniam bonus, quoniam in æternum miſericor-
dia eius. Que ceux qui ont eſté rachetez par
le Seigneur, maintenant donnez loüange au
Seigneur, pource que ſa miſericorde dure
eternellement.

C'eſt vne choſe tres-certaine & par trop
cõgneüe à vn chacũ, voire meſme à ceux qui
n'auroient la veüe plus longue que leur nez
que toutes les actions & comportemens de
Henry de Valois n'ont iamais tendu à autre
fin, ſinon qu'à ruiner l'Egliſe Chreſtienne,
Catholique, Apoſtolique & Romaine, perdre les bons fidelles Chreſtiens & ceux qu'il
cognoiſſoit eſtre les plus affectionnez à leur
religion, auançant en tout ce qu'il pouuoit
l'atheiſme & hereſie, & ne ſe plaiſant qu'en

la tyrannie apertement , ruinant les vns , &
soubs-main aduançant les autres, ruinant les
Catholiques par infinis imposts, daces, taxes
offices, & autres infinies gabelles, humant &
succçant ainsi la sueur , le sang & labeur d'i-
ceux pour en entretenir, soudoyer & aduancer l'heretique, tant aux charges Ecclesiasti-
ques que ciuiles, donnât les plus belles charges & dignitez à vn tas de beliftres & maraux
qu'il choisissoit propres pour l'heresie ,
pour vendre Dieu & la patrie , en quoy les
gens de bien n'ont esté si lourdaux qu'ils ne
ayent bien sceu iuger à quoy tendoit toutes
ses choses : Mais iamais quelques remon-
stráces que l'on luy ait peu faire ne l'ont sceu
flechir à receuoir leurs humbles & iustes re-
questes , mais au contraire luy ont apporté
tel despit, desdain & creue-cœur que d'autât
plus & deslors les à hays de malle-mort , re-
cherchant depuis tous les moyens comme il
pourroit exercer sur eux sa maudite & damnable volonté, comme l'experience nous l'a
bien monstré, & par la venuë des Reistres, &
par les barricades, & par les meurtres, massacres & assassinats des Princes & Seigneurs,
tant soubs-main , comme Monsieur de Ioy-
euse, que apertement à la veuë & à l'œil de
tous les Estats dans Blois , és personnes de
Nosseigneurs les Duc & Cardinal de Guise,
ainsi que vous l'auez sceu & entendu. Chose
auec tant & tant d'autres meschancetez qui

a tant offencé Dieu, les hommes, le ciel & la terre, que la iuftice de Dieu, les hommes, le ciel & la terre, & toutes les creatures enfemble, ne peuuent que crier deuant fa Majefté apres ce malheureux, de vouloir l'ofter & effacer de la terre, à laquelle clameur Dieu à en fin prefté l'oreille & ouuert les yeux de fa mifericorde fur fõ pauure peuple, ainfi qu'il nous l'a promis par fon Prophete, difant: *Clamauit ad me & ego exaudiam eum, cum ipfo fum in tribulatione eripiam eum & glorificabo eum.* Il a crié a moy & ie l'exauceray, ie feray auec luy en la tribulation, ie l'en deliureray & le glorifieray. C'eft ce qui eft fort remarquable en toute l'efcriture faicte, q̃ depuis que le peuple à commencé à crier à Dieu, il l'a exaucé : & au liure de l'Exode, des Iuges & des Rois & par tout ailleurs nous en auons affez de tefmoignage. En Exode 3. eft-il pas dict, que Dieu appellant Moyfe pour le faire & conftituer le liberateur du peuple, il dit. *Vidi afflictionem populi mei in ægipto, & clamorẽ eius audiui, propter duritiam eorum qui præfunt operibus, & fciens dolorem eius defcendi, vt liberem eum de manibus ægiptiorum. Clamor ergo filiorum ifraël venit ad me vidique afflictionem eorum, qua ab ægiptijs opprimuntur.* I'ay veu l'affliction de mon peuple en Egypte, & ay ouy fa clameur à caufe de la rudeffe des commiffaires des œuures, & cognoiffant fa douleur ie fuis defcendu pour le deliurer des mains des Egyptiens :

B ij

Car la clameur des enfans d'Israël est venue
à moy, & ay veu l'affliction de ceux qui les
oppriment. Au 3. liure des Iuges, il est dit
expressement en ce chapitre que deux fois le
peuple cria à Dieu. *Et clamauerunt ad Dominum
qui suscitauit eis saluatorem & liberauit eos. Othoniel
filium Cenez.* Et apres auoir encores offencé
Dieu, il les donna és mains d'Eglon Roy de
Moab, & luy seruirent dixhuict ans. *Et post ea
clamauerunt ad Dominũ, qui suscitauit eis saluatorem
vocabulo Ahod, filium Gera, fili Gemini.* Mais a-
pres ce Dieu leur suscita vn Sauueur nom-
mé Ahod fils de Gera, fils de Gemini. Dans
le liure des Rois, autant de Rois qui ont ve-
xé le peuple, & autant de fois que le peuple
a crié, Dieu l'a exaucé & l'a deliuré.

De mesme deuons-nous recognoistre, que
nous ayant par tant & tant de fois crié à nostre Dieu, qu'il luy pleust nous deliurer de
la main tyrannique de Henry de Valois, &
ses adherans, il nous a exaucez, & mesmes de
toutes autres necessitez. Qui nous preserua
de ceste apparente famine? Qui a faict éua-
noüir ceste grosse & furieuse armee de Reistres? Qui fist fuir ce malheureux auec tous
les siens hors de vostre ville? Qui a faict vnir
tant de villes, & ioindre à la saincte Vnion?
Qui vous à conseruez iusques icy? Dieu seul?
Qui a entendu la clameur des sainctes personnes qui ont crié à luy & luy ont dict. *vs-
quequo Domine irasceris in finem, accendetur velut*

13

ignis zelus tuus? Iusques à quand Seigneur se-
rez-vous tousiours courroussé, & comme le
feu s'enflambera vostre ire? Hé! Seigneur,
ne vous souuienne plus de nos iniquitez an-
ciennes & passees: Que vos sainctes miseri-
cordes nous preuiennent bien tost, pource
Seigneur que nous sommes trop pauures, ai-
dez-nous nostre salutaire, & pour la gloire
de vostre sainct nom deliurez-nous, & soyez
nous propice pour l'amour de vostre nom.
Ce sont, ce sont ses prieres tant de fois reite-
rees, qui ont en fin encliné ceste misericorde
diuine à nous exaucer, & à nous deliurer des
mains du plus cruel ennemy du peuple de
Dieu qui fut iamais au monde.

Si la deliurance du peuple de Dieu par
Moyse nous semble admirable: Si celle du
mesme peuple par Dauid, ieune garçó nous
rauit: Si nous sommes esbahis de veoir le
puissant Holofernes auoir le chef coupé par
la main d'vne femme: Cóbien plus nous re-
ste-il d'estonnement & d'admiration, voyát
vn simple R eligieux Iacobin, au milieu de
trente-mil hommes & plus, aller affronter a-
uec vn passe cœur, celuy qui se disoit le pl'
grand Roy de la terre? Si nous suiuons le sé-
timent & iugement humain, nous serons sé-
blables à ces statues qui ne bougent & ne va-
rient leurs veües d'ou elles l'ont fichee, mais
si plus animez nous entrons en la recognoss-
sance des iustes iugemens de Dieu, nous sor-

tirons de cest extase , & dirons auec Dauid.
A Domino factum est istud, & est mirabile in oculis
nostris. Non, non, ce n'est point œuure d'homme, mais ce, est faict de la main du Seigneur,
& est deuant nos yeux admirable, car la façõ
ordinaire de Dieu est que , *infirma mundi sibi*
elegit vt confundat fortia : Il se choisit tousiours
les choses les plus foibles pour cõfondre les
plus hautes. Ce qui nous a esté figuré en Da-
niel par ceste grande statue , ayant le chef
d'or, les espaules d'argent, l'estomach & vé-
tre d'altrain, les cuisses de fer, & les iambes &
les pieds moitié de fer & de terre , laquelle
estoit d'vne estimable hauteur, & pour tout
cela, vne petite pierre vint seulemét à heur-
ter par les pieds de ceste grande statue qui la
mit en tant & tãt de pieces que la plus grosse d'icelle fut emportee par le vent , & n'en
fut veu aucune chose, qui monstre que Dieu
ordinairement s'aide des choses basses & petites pour ruiner les grandes & superbes.

Ainsi il s'est voulu seruir du plus simple &
plus humble & infirme , suiuant l'apparance
humaine, de tous les Religieux, pour terras-
ser l'orgueil & l'audace de Henry de Valois, à sçauoir de frere Iaques Clement, Pro-
fés du College des Iacobins de Sens, natif de
Sarbonne pres ledit Sens, que Dieu à co-
gneu , esleu & choisi pour vne telle execu-
tion, & particulierement reuelé, que luy , &
non autre, mettroit à fin cet affaire : Car ce

bon & deuot Religieux, ayāt beaucoup plus
grande recommendation & plus grande so-
licitude de l'aduācemēt de l'hōneur de Dieu
& integrité de son seruice & Religion, le repos du peuple & de la patrie, & preferant
tout cela à ce qui estoit de son particulier,
s'affligeoit souuent, entendant les meschancetez,
les cruautez & desastres, que commettoit &
perpetroit tous les iours ce Tyran, *Zelus do-
mus tua comedit me.* Seigneur le zele de ma religion, l'honneur que ie porte à vostre sainct
nom me deuore : Ie suis transporté lors que
ie considere & pourpense en moy mesme les
meschancetez que commet deuant vous ce
miserable & reprouué Héry de Valois. Hé!
disoit-il Seigneur, ne voyez-vous pas comme ce meschant se prepare pour perdre &
sapper totallement vostre saincte Religion?
Helas ! Seigneur, c'est à vous qu'il s'addresse
c'est à nous qu'il en veut, faut-il maintenant
que ceste Religion perisse? Tant d'Ordres
si sainctement establis en icelle, tant de Mo-
nasteres, tant de belles Eglises, tant de gens
de bien, tant de bons Religieux, & tant de
bons Prelats, Docteurs & gens d'Eglise, est-
ce maintenant que vous auez ordonné qu'ils
perissēt? Toutes choses sont encores en vostre main, Seigneur, pardonnez à vostre peuple : Que ses Athees malheureux, q̄ ses Heretiques relaps, que ses Politiques masquez,
& tous tels excommuniez, ne viennent à se

vanter en leurs impietez, & dire qu'en despit de vous, le Roy, (mais pluſtoſt leur Idole) à gaigné, ils le crient deſia, ils s'en vantent par tout : Faictes, ô bon Dieu, faictes leur chãter le triomphe auec la victoire, comme ie m'aſſeure que vous ferez. Ha ! qu'heureux ſeroit celuy là, qui par vn braue coup donné à ce Tyran ſauueroit ſa patrie : Pleuſt à voſtre ſaincte Majeſté m'en rendre digne, de bien bon cœur i'y emploierois ma vie. Ainſi diſcouroit en ſoimeſme le bon Clement, lequel deſlors conceut ceſte enuie de pouuoir eſtre celuy qui extermineroit Henry de Valois, & depuis ne partit ceſte opinion hors de ſa volonté.

En telle ſorte qu'enuiron les Paſques dernieres, ainſi qu'il perſiſtoit en ceſte reſolutiõ & prioit Dieu le cõtinuer & fortifier en icelle, & luy vouloir enſeigner le moyen qu'il auroit à tenir pour paruenir à la fin de ceſte entrepriſe, entendit vne voix luy diſant, ainſi qu'il fut dit a Ioſué. *Confortare & eſto robuſtus, noli metuere, & noli timere, quoniam tecum eſt Dominus, Deus tuus in omnibus ad quecunque perrexeris.* Sois fort & vaillant, n'aye peur & ne t'eſpouuante, car le Seigneur Dieu eſt auec toy par tout ou tu chemineras : Luy diſant d'abondant qu'autre que luy ne feroit mourir le Tyran, & qu'il le luy donneroit en ſes mains. Ce qu'il deſcouurit à quelques vns de ſes amis, qui pour lors n'en firent eſtat,

ains

ains tournerent ce que ce bon Religieux
leur difoit en fimplicité & rifee , comme au.
femblable cela eftant diuulgué dans le Cô-
uent , les autres Religieux en riant l'appel-
loient le Capitaine Clement, neantmoins ne
laiffa de continuer & perfifter en fa délibe-
ration, laquelle pour plus heüreufemét mettre à effect & fe rendre plus digne d'vn tel
acte, ieufna toufiours depuis , ne mangeant
que du pain , & ne beuuant que de l'eaue,
principalement en fon particulier , ne ceffa
de continuellement , & iour & nuict prier
Dieu : ayant par plufieurs fois efté trouué
en fa chambrette priant tout profterné cô-
tre terre,& pleurant amerement.

Or afin que plus affeurément il mift à fin
ce qu'il auoit deliberé, voulut premieremét
s'affeurer de fa confcience , & en ofter tout
le fcrupule qu'il y pouuoit auoir en tuant
celuy que nous tenions iufques alors pour
Roy : Et pour en eftre plus certain vfa de
ce moyen, qui fut tel , qu'il alla trouuer vn
des bons Peres , & l'vn des premiers dudit
Conuent, le nom duquel ie tairay , auquel
Frere Iaques Clement propofa côme quelque certain perfonnage s'eftoit prefenté à
luy en confeffion, lequel luy auroit faict entendre comme dés vn long temps il auroit
eu volonté d'exterminer & tuer Henry de
Valois, afin de mettre l'Eglife & le peuple
en repos , mais que ne l'ayant voulu faire

C

sans le Conseil & aduis de l'Eglise, il estoit
la venu pour estre esclarcy, & d'autant que
i'ay iugé, dist F. Iacques, que ceste resolutiõ
estoit d'importance, ie n'ay voulu l'en asseu-
rer resolument, ains luy ay dit que i'en de-
manderois conseil, & dans peu de iours luy
en rendrois responce, & pource, nostre mai-
stre, dist il, ie vous prie me dire qu'elle ie la
luy dois donner. Ce bon Pere estonné ne
respond autre chose à la demande du bon
Clement, sinon qu'il luy dist, mon frere mõ
amy, c'est quelqu'vn qui se mocqué, que s'il
auoit enuie de faire ce que vous dictes il ne
le diroit pas.

Nonobstant Frere Iaques ne perd courage, ains d'autât plus luy croist l'enuie de par-
faire ce que Dieu luy auoit graué en la volonté: Et principallement lors que le bruit
couroit que les Henris auoient prins Esta-
pes, ruiné, degasté & vollé les Eglises mesme emprisonné, tué, faict pendre & massacrer les meilleurs catholiques, voire iusques
(ô horreur) à auoir profané les saincts & sa-
crez vaisseaux, & à faire leur ordure & necessitez dás les fons, & gresser leurs bottes
des sainctes huilles, & fouller aux pieds, &
donner aux chiés les sainctes & sacreés Ho-
sties, traits communs & ordinaires à tels heretiques. Ce fut lors, dis-ie, que ceste ame
genereuse ia rauie & toute embrasee en l'a-
mour de sõ Dieu, cesse tout respect humain

&c toutes autres telles apprehenſions q̃ nous
propoſe,& le monde,& la chair , ſe reſolut
pour la derniere fois de donner a ſa Religió
à ſa patrie & au ſalut des Fráçois ce que plus
il auoit de cher que tous les biens du monde
à ſçauoir ſa vie. Et pour cet effect ayant entendu comme ſes excommuniez,apres auoir
tout mis à ſac,comme auez entendu cy deſſus à Eſtampes , s’eſtoient acheminez par
Poiſſy , ou ils furent receuz par la Prieure
dudit lieu,ſelon l’affection que de long téps
elle auoit eüe de les y veoir : Donnerent
à Pontoiſe,ou ſéiournant quelques iours , le
bon Clement delibera là aller trouuer le tyran,ou arriuant Pontoiſe eſt rendu , qui luy
oſte toute la commodité de mettre à chef ſõ
deſſein, pourçe s’en reuint à Paris , ou peut
eſtre ne voulut paſſer outre qu’il ne fuſt hors
de ſcrupulle , combien qu’aſſez de fois , & à
aſſez de ſçauans hommes il auoit ouy dire ,
que quiconque tue vn tyran merite beaucoup : mais pour-autant qu’il portoit plus
de reſpect, & auoit plus de creance au bon
Pere, auquel il auoit premierement déman-
dé l’aduis qu’à nul autre , & pource l’ayant
trouué à propos luy diſt, Noſtre maiſtre,ce
perſonnage duquel ie vous parlé ſes iours
paſſez eſt reuenu à moy,lequel perſiſte en ſa
volonté , il me prie le rendre reſolu ſur le
doute qu’il a s’il tue Henry,ie recognois en
luy qu’il n’y a nulle feinte ou ſimulation, &

C ij

à mon aduis qu'il a bonne volonté, dictes
moy, s'il vous plaiſt, ce que ie luy dois reſ-
pondre, & qu'elle reſolution ie luy dois dó-
ner. Ce fut le Samedy 29. Iuillet, que F. Clement diſoit ces choſes à ce bon Docteur, lequel ayant quelque ſentiment en ſoy-meſ-
me, que ce que luy diſoit F. Iacques eſtoit
veritable, luy reſpondit, Mon frere, aſſeurez
le de la part de Dieu, moyennant qu'il n'ex-
ecute ceſte choſe en intention de ſe vanger
pour ſon particulier & priué intereſt, ains
pour le ſeul zele qu'il porte & qu'il a à l'hó-
neur de Dieu, à ſa religion, au bien & au repos public & commun de la patrie, tant s'en
fault qu'il doiue craindre de bleſſer ſa con-
ſcience, qu'au cótraire il meritera beaucoup
& n'y a nulle doute que s'il meurt la deſſus il
ne ſoit ſauué & bien-heureux.

Lors Frere Iaques ayant l'aſſeurance de
ce qu'il demandoit, par la bouche de celuy
qu'il eſtimoit plusque pas vn autre, auec vne
humilité profonde flechiſſant les genoux,
faiſant vne grande reueréce, print congé du
bon Pere, ſe retirät en ſa chambre, employa
tout le temps qui luy reſta en prieres, ieuſ-
nes, & oraiſons, & continua iuſques au lundy
matin enſuiuant, qu'il commença à ſe reſou-
dre & à pouruoir au moyen qu'il auoit à tenir à vne ſi grande, haulte, & dangereuſe en-
treprinſe. Quelle conſtance? Quelle aſſeurance & quel courage indompté? Certes il

ne s'en est iamais veu d'vne telle resolution, d'autant que quelques entreprises semblables que ayent aucuns exécutees, ç'a tousiours esté auec l'asseurance du salut de leur vies, & auoient pourpensé aux moyens par lesquels ils pourroient eschapper, ou au cōtraire la premiere resolution & le premier point à quoy se resolut ce deuot religieux, c'est de mourir. Quel cœur genereux ? Quel inuincible courage ? Quelle saine & entiere resolutiō de se voüer à la mort, sans en estre prié, sans y estre esmeu ou poursuiuy d'aucun : Car qui l'eust esté chercher dans vn conuent & l'eust choisi pour cet effect, voyant la simplicité & modestie de laquelle il estoit doué. Non seullement vouloir mourir & se disposer à ͏lque mort douce, mais se representer qu'ē faisant ceste acte, il pourroit mourir de la plus cruelle, de la plus rigoureuse, de la plus inhumaine, de la plus honteuse & de la plus vilaine mort de laquelle on se pourroit aduiser, & neātmoins ceste ame nonpareille surmonte toutes telles apprehensions : Car la mort luy estoit certaine, & le genre de mort incertain, mais celuy qui au milieu des plus enormes & pl⁹ cruels supplices à doué de fermeté & constance les saincts premiers martyrs, en doua abondammēt ce dernier, lequel faisoit tousiours requeste à ce pere de misericorde, que son tourment ne fust long.

Ayant depuis, frere Iacques Clemét, ouy
le bruit que les Héris, race de viperes, le Dimanche 30. dudict mois, estoient dedans S.
Clou, & entendu les coups de Canon dont
ils battoient le pont. Cela luy redoubla tellement la volonté d'exécuter son desseing,
que des le Lundy matin ayant sceu comme
les tyrans seiournoient, apres la rendition
dudict pont, qui fut la nuict du Dimanche,
se resolut daller là attaquer le tyran, & qu'il
ne luy failloit plus attendre, que l'occasion
estoit presente, & ne la falloit refuser : Car
si plus longuement il differoit, il scauoit les
menees & intelligences que les tyrans auoiét
à Paris, par l'obseruance qu'il en auoit faicte
des principales maisons, qui ne se donnoient
garde de sa prudente simplicité. Long-téps
auparauant & deslors de sa premiere resolution faisoit mine d'estre bien aise, quand on
parloit au desauantage des Princes Catholiques, & à l'aduantage de Henry, ce qui luy
auoit donné plus d'entree, & mesmes auoit
porté quelques lettres à Amboise, & Tours
depuis les massacres.

Frere Iacques donc est resolu d'aller à S.
Clou, & mettre fin à sa deliberation, non a la
verité poussé de soy-mesme, mais par vne
speciale & prouide volonté de nostre Dieu,
car au mesme lieu, en la mesme maison, & en
la mesme chambre, ou le tyran fut frappé,
comme vous entendrez, là mesme, inconti-

ment la paix faicte & iuree par ce perfide à
Nemours, ou il auoit iuré la ruine des heretiques, là, dis ie, il iura & conspira la mort &
la ruine de Monseigneur le Duc de Guyse,
& de Paris, & de tous les plus fidelles Catholiques, il n'y a celuy qui ne le sçache, & côme
ce tyran alla audict S. Clou, pour y tramer &
ourdir les meurtres & sanglâtes tragedies, qui
depuis s'en font ensuiuies. Mais tout ainsi
qu'vn Achab, Dieu à voulu qu'il soit mort au
lieu de sa premeditee trahison.

Pour se donner entree audit lieu, frere Clement va par lesdictes maisons, demande aux
vns & aux autres, s'ils veulent mâder quelque
chose au Roy, ou a quelques vns de leurs amis
& que fidelement il fera tenir leurs lettres,
ceux qui auoient experimenté les bons offices
que leur auoit faict cet Apostat Bellangier. lequel comme il est bien auant de leur partie,
estimerent que le bon Clement fust frappé au
mesme coing de ce faulx teston, & furent biē
aise de cet offre, afin de se recommâder à leurs
amis, pour sauuer leurs maisons quand Héry entreroit à Paris, qu'ils s'asseuroient estre
dans deus iours au plus tard, & l'en chargerēt.
Mais pour-autant que frere Iacques n'auoit
aucune cognoissance aux gens de guerre, &
qu'il ne pourroit paruenir à S. Clou, ny passer
sans passeport, s'aduisa que le Comte de Brié-
ne y auoit bon credit, pour ceste cause il va au
Louure, ou ledit sieur estoit pour lors, gardant

la chambre, & empefché de fortir pour quelques petis empefchemens que chacun fçait,
ou eftant parla au Chappelain dudict Comte,
& luy declara comme ayāt affaire vers le Roy,
il venoit pour auoir vn paffeport de Môfieur.
La fe trouue le Secretaire dudit fieur , qui luy
dift qu'à grand peine en pourroit-il auoir , le
Chappelain dift, que puifque c'eftoit vn Religieux que Monfieur ne luy refuferoit, & n'en
feroit difficulté, & le pria d'en efcrire vn tout
preft, cé qu'il fit. Or ainfi qu'ils deuifoient par
enfemble, ledit Secretaire dift, i'ay veu que i'ai-
mois bien les moines, mais maintenant ie ne
les aime gueres, car les moines ont efté caufe
de noftre malheur, par-ce qu'il vint à S. Ouyn
trois Cordeliers demander l'aumofne à monfieur le Comte qui leur donna trois efcus, &
allerent aduertir l'ennemy de nos affaires , &
fufmes chargez incontinent. Frere Iaques luy
refpondit, il peut eftre que ce ne fut pas les religieux , & qu'il y en auoit d'autres qui vous
pouuoient defcouurir, ie ne fçay, dift le fecre-
taire, on nous a dict auffi qu'il y auoit vn religieux Iacobin qui auoit deliberé de tuer le
Roy, frere Iaques fans s'effroyer ou changer
de couleur refpondit, il peut bien eftre. Sur
fes termes le paffeport s'acheue, & vint à Môfieur le Comte qui acheuoit de difner & man-
geoit du fruit, qui fans difficulté, apres auoir
parlé quelques temps auec le religieux, &
donné parole de creance, & vne lettre, figna
ledit

paſſepòrt, luy feit prendre du vin, & ainſi
print congé F. Iaques.

Lequel voyant ſon cas ainſi bien preparé,
& ne luy reſter plus qu'à ſortir les portes,
voulut deſcouurir ſon ſecret à vn certain
perſonnage que l'on a eſtimé, & que l'on e-
ſtimoit encores des plus zelez & affectien-
nez catholiques, ce qu'ayant faict, ce bõ religieux ſut tout eſtonné qu'au lieu qu'il en
eſperoit quelque bon propos pour l'induire
à eſtre conſtant en vn ſi perilleux dãger que
au contraire il le diſſuada de tout ce qu'il
peut, ſans que pourtant le ſage religieux fuſt
deſcouragé d'vn ſeul point : Qui monſtre
que ce que Dieu a fortifié & aſſeuré ne peut
eſtre esbranlé par les hommes, ny par autre
choſe telle qu'elle ſoit : & ne laiſſa nonob-
ſtant de pourſuiure ſa pointe, laiſſant la ce
malheureux hõme, lequel auſsi toſt aduertit
le tyran, qu'il y auoit vn moine Iacobin qui
le vouloit tuer.

Iugez Catholiques iugez, ſi cet acte eſtoit
cõduit de la main de Dieu, & que s'il n'euſt
mené cet affaire comme il euſt eſté poſsible
qu'vn homme l'euſt peu accomplir, & veu
qu'il y auoit tant de traiſtres s'il n'euſt eſté
auec nous, ce que nous deuenions. Mais à
bonne & iuſte cauſe deuons-nous dire auec
Dauid. *Niſi quia Dominus erat in nobis dicat nunc*
gilia, niſi quia Dominus erat in nobis. Cum exurge-
rent homines in nos, forte viuos deglutiſſẽt nos. Benedi-

D

ſtus Dominus qui non dedit nos, in captione dentibus eorum.

Il n'y auoit maiſon qui ne fuſt ja dõnee au pillage & en proye, les rues & les quartiers eſtoiét marquez, tous les hõmes au fil de l'eſpee les plᵘ catholiques, les vns pédus, les autres noyez, autres bruſlez, & autres eſcartelez: & toutes telles autres cruautez eſtoient ja arreſtees par ce tyran & ſes ſatellites: Les femmes & filles à l'abandon de tous ſes ruffiens ſoldats, bref ce n'eſtoit que feu, que meurtres, maſſacres, pilleries, deſloration, viollemens, & autres infinies meſchancetez & cruautez. Le meſme iour du Mercredy ſuiuãt, le iour meſme dis-ie que Héry mourut, à deux heures apres minuict de la nuict du Mardy precedent, la reſolution auoit eſté faicte, que toute la Nobleſſe deuoit mettre pied à terre, & venir la picque au poing à l'aſſault par deux diuers endroits, ou ils auoient bonne intelligéce & ſeur accez, le ſignal s'eſtoit ja donné par deux fois, à l'vne des tours de ſainct Germain des prez, ce que i'ay veu auec pluſieurs honeſtes perſonnes, lequel ſignal eſtoit d'vn flambeau qui ſe paroiſſoit en ladicte tour, ſur les dix heures, auquel ſignal les ennemis qui eſtoiét en garde ſur la coſte de S. Clou, auſsi toſt reſpondoient par vn meſme ſigne, & portoit tel effect que leſdits ennemis deuoiét venir faulſer vne barricade, qui eſtoit aſſez foible, la-

quelle faulſee,à la faueur de ceux qui eſtoiēt
en ladicte Abbàye,ils s'y rendoient les mai-
ſtres : Ie cognois fort bien le perſonnage,
qui deſcouurit premier ceſte trahiſon,telle-
ment qu'il eſt aiſé à iuger & à cognoiſtre, q̃
ſi les tyrans auoiēt bien des partiſans au de-
hors,ils en auoient encores plus au dedans.
Ce ſont les termes & le peril que nous cou-
rions lors,c'eſt le precipice auquel nos affaires eſtoient:Vous euſſiez veu les Politiques
leuer le nez, brauer , ſe mocquer & dire a
haute voix qu'auant trois iours paſſez , il y
en auroit tant de pendus,qu'il ne ſe trouue-
roit pas aſſez de bois dans Paris : Mais on
dict au commũ & triuial prouerbe que quiconque compte ſans ſon hoſte,il cõpte deux
fois,ils ne parloient qu'en hommes,ils ne iu-
geoient qu'à l'apparence humaine , & ne ſe
fiōient qu'en la force de leurs bras , & qu'en
leurs intelligences & trahiſons , que ſi(ô a-
ueuglez malheureux & obſtinez Politiques)
vous euſſiez eſté capables comme le ſerui-
teur du Prophète, lequel eſtimoit que ſon
maiſtre fuſt ſeul contre vne forte & puiſſan-
te armée,qui venoit pour le ſaiſir & pour le
prendre,vous euſſiez eu les yeux deſſillez,
vous euſſiez veu que Paris n'eſtoit deſtitué
du ſecours que Dieu promet aux ſiens en la
neceſſité,car vous euſſiez veu les legiõs an-
geliques,tant de ſaincts martyrs qui ſont &
repoſēt eh icelle,& vos propres peres & pa-

D ij

rens,qui tant soigneusement,ont gardé ceste
religion pour vous la laisser, estre par
tous les ramparts pour resister à l'effort & à
vos iniques,peruers & malheureux desseins,
& empescher que ceste terre saincte ne fust
souillee par la presence de vos atheistes &
heretiques Henris,au cas que l'on en fust venu aux mains : mais Dieu, auec lequel vous
ne cõptiez pas, faisoit son cõpté autrement.
Car pendant que Henry,auec ses Atheistes
Politiques,bastit la tour superbe de ses ven-
geances & cruautez plus énormes, & que
plus il bastit ses horribles Chimeres, Dieu
forme l'éuanoüissement & la confusion de
de leurs entreprises : d'autant que le bon F.
Iaques, voyãt que plus il ne luy restoit qu'à
marcher, ne voulut sans donner prealable-
ment le dernier a-dieu à ses plus intimes a-
mis,& leur dire ouuertement sa deliberatiõ
auec serment veritable, que iamais autre subiect ny raison, ne luy a faict entre-
prendre telle chose que le seul zele, amour
& affection qu'il a à l'hõneur de Dieu, à l'ad-
uancement de la religion,& au repos public
de la patrie,qu'il les supplie de prier Dieu,
pour luy en dõner la force, & ne point per-
mettre qu'il reuint ou eschappast apres le
coup faict, aussi que son tourment ne fust
long.Que s'il sçauoit que pour ceste occasiõ
ou en eust voulu aduancer,ou sa mere,ou ses
parens,qu'il s'en deporteroit,qu'il les asseu-

roit deuant Dieu, deuãt lequel il estoit prest
de comparoistre, que pas vn de messieurs les
Princes, ne sçauoient sa resolution. Ses freres
Religieux furent merueilleusement esbahis
de l'entendre, & plus encor considerant sa
constance & hardie entreprise : Il leur demande pardon, si par ses comportemẽs il les
a offencez, prie l'vn d'eux luy vouloir faire
passer la porte, ce qu'il luy accorda, baisant
les autres print congé d'eux, se recomman-
dant à leurs bonnes prieres, & sorty qu'il est
la porte fit le semblable au Religieux qui
l'auoit conduit, lequel ne se peut garder de
ietter plusieurs larmes, ou au contraire frere
clement le reconfortoit auec vn visage gay
& vne face riante.

En ceste façon le bon religieux s'aduance
inuoquant tousiours par les chemins le nom
de Dieu, le suppliant de l'assister & le fortifier, arriue aux cerinelles premieres de l'armee ennemie, monstre le passeport qu'il a-
uoit eu du Comte de Brichne, demãde estre
reconduit, ou luy estre permis aller au logis du
Procureur general la Guesle qu'il cognoissoit plus que nul autre, ce qui luy est accor-
dé, ou estant arriué ledict la Guesle fut esto-
né de veoir F. Iacques, auec lequel il cõmen-
ça à gausser & demander nouuelles de Paris
& ce que l'on y faisoit, à quoy le Religieux
respõdit selon qu'il cognoissoit estre à propos, & luy ayant donné quelques lettres luy

fit entendre comme il en auoit d'autres pour
le Roy, & auoit quelque chose à luy dire en
secret, & qui estoit d'importance, ledit la
Guesle luy dist qu'il soupperoit auec luy, &
qu'apres soupper ils aduiseroient à ce qui seroit besoin & expedient de faire. Quãd frere Iacques arriua audit S. Clou, distant de
deux petites lieües de Paris, il pouuoit estre
enuiron les quatre à cinq heures du soir, du
Lũdy, dernier iour de Iuillet, & apres auoir
quelque tẽps deuisé l'vn auec l'autre il pouuoit estre sur les six heures. Donc a la priere
dudit la Guesle obtempera volontiers le bõ
religieux, & en souppant, frere Iacques, ou
soit que fust pour obuier à ce que on l'eust
peu fouiller, lors qu'il voudroit entrer en la
chambre du tyrã, voulut tirer son cousteau,
afin qu'estãt trouué saisi d'iceluy, il eust peu
respondre que c'estoit le cousteau duquel il
auoit accoustumé se seruir, ou fust qu'il s'en
voulust seruir à la table, lequel ayant veu ledit la Guesle, luy dist en riant, frere Iacques
n'oublie iamais son cousteau, il oublieroit
plustost son breuiaire, à quoy frere Iacques
respondit, ie n'oublie pas aussi mon breuiaire, ce disant mist la main en sa manche & en
tira son breuiaire, quoy voyãt ledit la Guesle commença à rire. Puis arraisonnant frere
Iacques, luy disoit, on a rapporté au Roy, &
escript de bon lieu, qu'il y auoit vn moine
Iacobin qui auoit iuré de le tuer, est-ce poĩt

roy? Frere Iacques, sans aucune timidité ny
apprehension, ny sans varier ou changer de
couleur respondit asseurément, Hé qui dôc?
Qui en doute? Ainsi de la Guesle interroge
le bon religieux en se mocquant, qui luy re-
spondoit de bon & asseurement. Apres leur
souppé ainsi passé, ledict de la Guesle trouua qu'il ne seroit pas a propos que frere Iaques parlast pour ce soir à Henry, & pource
l'aduisa de se retirer, & luy dist qu'il ne fail-
list le venir trouuer le lédemain à sept heures, & que sans faute ne difficulté il le seroit
parler au Roy. Ainsi se retira frere Iacques
en sa chambre, ou ie vous laisse a considerer
si ce deuot & saint personnage qui de beaucoup surpassoit les plus deuots en deuotió,
en religion & en pieté, qui tous les iours, à
toutes heures, & à tous momens estoit trouué priant & pleurát amerement, s'il manqua
de ce deuoir toute la nuict, certes non : mais
d'autant plus ardáment reitera icelles, trans-
portant dessors son esprit hors de l'habitatió corporelle & terrestre, pour desia le faire par vne viue & ardente foy ioüyr du lieu
d'ou il estoit party, & auquel il deuoit re-
tourner, àsçauoir en l'habitatió celeste, iou-
issant de la veüe de son Dieu, & eussiez lors
veu vne virile & constáte Iudith prier Dieu
auant que d'atempter à la personne d'Holofernes, disant. *Confirma me Domine Deus Israël,
& respice in hac hora ad opera manuum mearum, vt*

sicut promisisti Hierusalem ciuitatem tuam erigas, & hoc quod credens per te posce fieri cogitaui perficiam.

O mon Seigneur Dieu d'Israel, dōnez-moy force, & regardez à ceste heure aux œuures de mes mains, & esseuez Hierusalem vostre Cité cōme vous auez promis, & que ie parface ce que i'ay pensé, en croyant qu'il peut estre faict par vous.

Ainsi prioit frere Iacques au point du iour il disoit aussi auec Dauid. *Dominus illuminatio mea, & salus mea quem timebo.* C'est vous, ô Dieu, c'est vous qui estes mon flambeau. & ma lumiere, que craindray-ie? Vous estes le celeste flambeau pour cōduire & illuminer mes pas en ceste entreprise, que si elle n'est suiuant vostre saincte volonté, vous auez assez de moyens de m'en empescher: Vous estes celuy seul qui cognoissez les pensees & volontez des hommes, long-temps au parauant qu'ils les ayent conceües, rien ne vous est celé ny couuert. O bon Dieu, vous sçauez le but & la fin de ceste mienne entreprise, la raison & la cause pourquoy n'estāt autre, que pour le marrisson de veoir ainsi vostre religion esbranlee, & preste d'estre abolie, & la tyrannie ouuerte à toutes sortes d'Impietez. Vous sçauez que ce n'est ny la faueur des grands, ny promesses d'honneurs, ou de biens, ou autre cōmodité, ou bien pour venger le mal ou le tort qui me pourroit auoir esté faict en mon particulier : car quel bien

ou

ou côtétemét m'euſt-on peu pſeter pour me
rédre la vie? Quel aduãcemét humain y puis
ie pretédre? Et n'y en ayãt donc autre q̃ celuy que i'eſpere de vous, en toute humilité,
& en eſprit contrit & humilié, ie vous pre-
ſente ce ſacrifice de mon corps, mon ame &
ma vie, & vous ſupplie l'auoir pour aggreá-
ble, comme vous auez eu celuy de vos fidelles Patriarches & ſacrificateurs Abraham &
Iſaac, fortifiez ce bras, aſſeurez mon courage & ne permettez point qu'en vain le coup
ſe dône, ie laiſſe les meſdiſances, ie ſçay qu'il
y a aſſez d'ennemis de voſtre nom, qui blaſ-
meront ce faiĉt, & le voudront colorer de
leurs aſtucieux menſonges, c'eſt choſe qui
me trauaille peu, vous iugerez de tout, vous
ſerez l'aduocat, le teſmoin, & le iuge en dernier reſſort, pour plaider, teſmoigner & iuger ceſte cauſe deuant toutes les nations &
gent de la terre, lors que glorieux & tout-
puiſſant ſerez aſsis au throſne de voſtre ſa-
ĉte Maieſté, & que iuſtement rendrez à chacun ce qui luy appartient. Ie vous requiers
mon Dieu me preuenir de voſtre grace &
ſainĉte miſericorde, à ce que ie n'aye crainte en ce terrible & eſpouuentable iugemét,
me pardonnant toutes mes fautes.

    Ainſi feit fin à ſa priere le bon religieux
Frere Iaques, lequel ſuiuant l'aduis & la reſolution que le ſoir il auoit priſe auec lediĉt
de la Gueſle d'aller trouuer Henry de Va-

E

lois, alla en la maisō d'iceluy sur les six heures, & furent parlementant l'vn auec l'autre
iusques sur les sept heures, q̃ ledit la Guesle
conduit ce vertueux & genereux personnage au logis du tyran, suppliant les gardes de
le laisser entrer, & que F. Iacques venoit au
Roy, pour luy apporter bōnes nouuelles de
Paris, ce qu'ils firent, tant à cause du credit
que ledit la Guesle auoit en leur édroit, que
aussi par la prouidence & volonté de Dieu,
à l'encontre duquel nulle autre puissance ne
peut resister. Frere Iacques est mené & cō-
duit en l'antichambre, il s'arreste la attendāt
que quelqu'vn sorte de la chambre ou estoit
le tyran, ce pendant les gardes luy iettent assez de brocards, les vns luy demandent si les
badauts de Paris ont pas bien peur, autres si
les Parisiens estoient pas bien aduertis de
leur venuë, & si les chambres ne leur estoiēt
pas ia preparees, qu'ils s'asseuroient que les
dames de Paris auoient desia mis les draps
blancs au lict, & que pour tout certain ils y
entreroient le lendemain. L'vn se vantoit
d'auoir ceste maison, l'autre cet autre, l'vn la
boutique d'vn tel marchant, l'autre telle autre: Ils faisoient desia bon marché de la mar-
chandise, le satin, le velours, & les soyes deuoient estre à meilleur marché que la toille,
& en deuoient tapisser le paué des rues. Frere Iacques rit auec eux, & n'en faict plus lai-
de mine, ains sembloit qu'il prist fort grand

plaisir à les ouyr ainsi parler. En ses entre-
faictes Larchant sort du cabinet qui veut e-
stre de la partie, demande que c'est, il luy fut
respondu que c'estoit vn moine qui venoit
de Paris pour parler au Roy, & luy appor-
toit bonnes nouuelles, & que monsieur de la
Guesle les auoit priez le faire entrer pour
s'acquiter de sa charge. Larchant fait entrer
le religieux, lequel entrant & approchant du
tyran, se mit à genoux, & enclinant la teste
bien bas luy fit la reuerence: Le tyran luy
cômanda se leuer, ce qu'ayant faict luy pre-
senta quelques lettres, & les ayant leües, le
tyran voit qu'elles portent creance, luy cômanda s'approcher & dire sa creance, il respondit fort asseurement. Sire, c'est chose de
telle importance que i'ay charge ne se reue-
ler qu'à vous seul, pource s'il vous plaist ferez retirer vn chacun à ce qu'il n'y ait que
vous qui l'entende. Sur ce Henry faict signe
à chacun de se retirer, entre lesquels estoit
ledit Larchant, qui luy dist en sortant, Sire,
souuenez vous de ce que lon vous à dict &
escrit du moine. Lors Henry, comme celuy
duquel Dieu auoit osté tout iugement, se
souzriant & hochant la teste luy comman-
da se retirer.

¶ Pour lesquels propos le bon F. Iacques iamais ne se troubla, hy changea de maintien
ou couleur, suiuant ce qui est dit du iuste,
aux Prouerbes. *Iustus quasi leo confidens absque*

terrore erit. Le iuste sera comme le Lyon as-
seuré, & sera sans peur ou frayeur. Pour-ce
tira vn petit papier qu'il presente luy disant
qu'apres la lecture d'iceluy , il luy dira sa
creance. Ainsi que Henry commença à li-
re ledit papier, frere Iacques, par dessouz sa
chappe tire son cousteau, l'eslançant de telle
vigueur, de telle force & impetuosité sur ce
malheureux, le frappe si bien & a propos au
bas du petit ventre, que le coup fut eslacé de
telle façon que frere Iacques ne peut retirer
son cousteau du ventre de ce miserable, qui
se sentant ainsi frappé s'escria horriblement
& luy mesme retira le cousteau qu'il eslança
contre ce pauure religieux, & l'offença bien
fort au dessus de l'œil. Les gardes & coup-
pes-iarets accourent au cry , & voyant leur
bon hypocrite ainsi attaint du iuste iugemét
de Dieu, ne pouuant surmonter leur colere,
y en eut deux entre les autres , qui enfonce-
rent ce pauure martyr, luy passant leurs ha-
lebardes au trauers du corps, & si a propos
que le bon & sainct religieux remerciant
Dieu que selő son desir , il auoit tãt heureu-
sement faict succeder son affaire: & que desia il sentoit son ame partir de ce móde, pour
aller en repos deuant luy, estãt hors de l'apprehension des tourmens que les meschans
luy eussent peu faire endurer, recommandãt
son ame entre ses bras, la rendit auec la derniere parolle , c'est ce que dit le Sage. *Desside-*

rium suum iustis dabitur. Il donnera tousiours le desir aux iustes, ou au contraire. *Spes impiorum peribit.* L'esperance des meschans perira & en sera frustré.

Ha! sainct & heureux martyr, qui viuant nous auez tant aimez q̃ de prodiguer à l'exemple de voſtre bon maiſtre Ieſus Chriſt, noſtre ſauueur, & liberaliſer voſtre vie, que puiſsiez-vous, maintenant & à iamais, eſtre l'aſtre flamboyant à la poſterité, pour en la contemplation d'vne ſi excellente planette en receuoir les influences, pour encliner en la volóté ſaincte que vous auez euë de mourir pour la religion, & pour la liberté publique: Quels honneurs, quelle recognoiſſance & par quel office pourrons-nous ſatisfaire à ceſte obligation? Helas! il ne s'en peut trouuer, mais comme vous ne l'auez faict pour en receuoir quelque recompenſe d'en bas, eſtant à la verité trop petite, nous nous obligeons, & les noſtres à iamais, de prier celuy en la main duquel ſont toutes les recompenſes que l'on ſçauroit trouuer, vous donner le loyer que merite la recompenſe d'vn tel & ſi excellent martyre.

Auſsi toſt ce coup faict, auſsi toſt en eſt la nouuelle eſpandue par tout, & principalement en l'armee de ce ſecond Holofernes, chacun entre pour ſe monſtrer & rẽdre plus officieux: Aucuns prennent ce malheureuz Henry, le couchent doucement. Les Mede-

cins, Apoticaires & Chirurgiens accoururent
de toutes parts, ils fôt leur premier appareil
apres lequel il sembloit que le tyran ce porteroit bien : D'autant que luy ayant dõné
vn clystere, & l'ayant rendu sans faire sãg,
jugerét que ce ne seroit rien, & qu'il n'estoit
offencé és boyaux. Pendant cela, le pauure
religieux martyr est poussé à coups de pied
d'vn chacun, il n'est pas homme de bõ cœur,
qui à la façon des tyrans, ne luy donne cent
coups apres sa mort, & apres l'auoir biẽ mu-
tilé, tout mort qu'il estoit, en la presence du
tyran fut traisné & serré dans l'Eglise, non
pour respect qu'ils portassent au lieu sainct,
ny au corps Chrestien, mais seulemét en dé-
post : côme ils l'eussent aussi tost mis en vne
estable ou autre lieu, attendant la fin, & ce
qui aduiendroit de Henry, auquel chacun
asseuroit qu'il se porteroit bien, & luy mesme dist q̃ dans six iours il monteroit à cheual, & auroit sa raison de tous ceux de la Li-
gue : Entre autres de Madame de Montpẽ-
sier, laquelle il tint fort long-temps sur les
rangs, & passa ainsi se peu de temps qui luy
restoit encores, depuis qu'il fut blessé, pour
penser à sa conscience, à gausser, menasset &
mesdire.

Mais le soir estant venu, ce fut lors que
Henry, qui n'estimoit estre blessé, se sentit
saisir des assauts de la mort, & qu'vne fieure
continue l'empoigna auec telle vehemence

qu'elle luy fist rendre les derniers souspirs,
& quant & quant ceste ame rebelle & obsti-
née, pour aller rendre compte deuant Dieu
de tant & tant de meurtres, de massacres, assassinats, de tant de cruautez, de tant de vol-
leries & de ruines desquelles il a esté le seul
autheur & la cause, qui fut enuiron sur les
deux heures apres minuit du mardy venant
au mercredy, iour & feste de S. Pierre aux
liens, que comme celuy fut deliuré miracu-
leusement, que Dieu auoit ordóné premier
pillier en l'Eglise, l'Eglise fut deliuree aussi
de la tyrannie de celuy qui ne demandoit
qu'à la ruiner, n'ayant faict ce malheureux,
quoy que l'on die, aucune penitence, mais
seulement vn de ses aumosniers, faict à sa
guise, luy bailla l'absolutió. Voila la fin miserable de ce Henry, qui iamais n'a voulu
receuoir bon conseil, qui a nourry & entendu l'heresie, s'est adóné à l'idolatrie, à la ma-
gie & sorcellerie, à toutes sortes d'impietez
& meschancetez, n'à faict pendant son regne
que ronger, succer, & ruiner son peuple. Fin
miserable, qui ordinairement talonne les
meschans deprauez Princes, qui aiment la
tyrannie.

Que dictes-vous à cela maintenant, ô malheureux & miserables Politiques, qui iusques icy auez eu vne si foible & debile esperance? Vous l'auez bastie, comme ce fol, sur
l'arene & sur le sable, & nõ sur la ferme pier-

re Iesus Chrift. Vous vous eftes retirez de la
vraye obeyffance & recognoiffance que vo'
deuez au Roy des Rois, pour vous reprefē-
ter vne Idole & vn ver de terre. Vous vous
eftes plus affeurez & fiez en vn hóme, vous
auez eu plus de peur & crainte de l'offencer,
vous auez mieux aimé le fuiure & tenir fon
party , & aimez mieux faire le femblable à
vn heretique, faire bâqueroutte à voftre religion, que d'embraffer & fuiure Iefus chrift
& porter fa croix ? Ie vous appelle tous à
tefmoing , fi tant eft que vouliez entrer au
plus fecret cabinet de voftre confcience , &
ceux qui ont fuiuy fes mefchans,& ceux qui
fuiuent leur party,tant hors que dedans les
villes, entrant en vous mefmes, vous repre-
fenter les beaux deffeins,les belles chimeres
que vous vous eftiez forgees: Combié d'hó-
neurs ,combien de faueurs, combien de biés
& de moyens il vous fembloit defia tenir,nó
feulement par le fac & pillage de Paris, mais
de toutes les autres villes & biens des bons
& affectionnez Catholiques de France? Re-
prefentez-vous les innelligences, les cómu-
nicatiós que vous auiez les vns entre les autres,à noftre detriment & à l'aduantage de
voftre party,la conferuation que vous vous
promettiez en ce fac,& les vengences qu'a-
uiez deliberé de prédre fur ceux qui eftoiét
contraires,& s'eftoient oppofez fraîchement
à vos deliberations ? Et cóme lors que vous
penfiez

penſiez ioüir à plain muſeau de ce deſir, ainſi que celuy qui ſonge auoir trouué quelque
grand & opulant threſor, ſe trouue autãt ne-
ceſsiteux à ſõ réueil, que lors qu'il s'eſt cou-
ché. Toutes ſes choſes s'en ſõt allees ainſi en
fumee, & Dieu s'eſt oppoſé, & noⁱ à deliurez
de voz horribles deſſeins, qui vous doit faire meurement iuger quel eſt le party qu'a-
uez ſuiuy, celuy que vous ſuyuez , & celuy
que iuſques icy vous auez refuſé d'embraſ-
ſer. Delaiſſez, delaiſſez ie vous prie de plus
ſuiure l'iniquité : Depoſez voſtre propre &
particuliere affection , delaiſſez vos gran-
deurs, meſpriſez les honneurs, qu'il ne vous
face mal de quitter vos offices, ne vous re-
paiſſez comme les loups & comme les plu-
uiers, qui ſe paiſſent du vent, ne vous aſſeurez aux vaines recompenſes, n'eſperez & ne
mettez voſtre fiance és puiſſances humaines,
d'autant que. *Bonum eſt ſperare in domino , quam*
ſperare in principibus. Reuenez de bonne heure
ſoyez-y conduits par cet admirable & tant
ſignalé exemple , & dictes hardiment que,
Digitus Dei eſt hic. Que la vertu & la puiſſance
de Dieu , & ſon doigt eſt cet acte. Et auec
Dauid , *Dextera Domini fecit virtutem , dextera*
Domini fecit virtutem. La dextre de Dieu à fait
vertu, la dextre du Seigneur à faict vertu , à
peine de n'écourir la meſme ruine des Egy-
ptiés, leſquels endurcis auec leur Roy Pharaon, aux miracles que Dieu leur enuoyoit,

F

que comme ils furent côpagnons d'vn mefme endurciſſement, ils furent auſſi compa-
gnons d'vne meſme ruine & nauffrage. Ainſi dis-ie, que vous trop endurcis, ne periſſiez
auec cet obſtiné Henry.

Lequel, comme il a eſté predit dans le
Martyre des deux freres, à pery par les meſmes moyens qu'il a tenuz pour faire mourir
les bons & Catholiques Princes. Et pour
vous monſtrer ſi cela a eſté touché à l'œil,
voyez les mots contenuz audit Martyre, en
la page & fueillet 29. que Henry de Valois
pour faire maſſacrer ce grand & valeureux
Seigneur Monſeigneur le Duc de Guyſe, le
traiſtre feit enfermer les aſſaſsins en ſon cabinet, choſe de tout temps inaudite, qui ſera
Dieu aydant, le Taureau de Phalaris, mourant au ſupplice de ſa premiere inuention :
Et que Dieu permettra que comme il a ouuert la porte de ſon cabinet, qui luy deuoit
eſtre la choſe plus particuliere & recômen-
dable, elle ſera ouuerte à ceux de ſa propre
ruine, & comme il a ſeruy de couuerture &
embuſcade aux aſſaſsinateurs, pour oppri-
mer les iuſtes, ſeruira de rampart aux exécu-
teurs de la iuſte vengeance, pour y punir ce
meſchant. Voulez-vous choſe plus ouuerte,
y a-il iamais eu prediction plus certaine, &
de poinct en poinct accôplie, eſt-ce pas dans
ſa chambre, voire dans ſon cabinet qu'il
meurt ? Ou il a commis le mal, là il en reçoit

la peine.

Cet hypocrite Henry ne s'est iamais efforcé de nous tróper que soubs le voile & pretexte de Religion, contrefaisant le moine & l'hermite. Il ne taschoit en ce masque que de ruiner la Religió, les Monasterés & les moines, & pource iustement dict quelqu'vn.

Qui Monachum finxit Monachos dum perdere tentat
Per Monachum inflicto vulnere iure cadit.

Pour plus aisément decepuoir & tromper nos genereux Princes à Blois, il iure sur le S. Sacrement de l'Autel, fondement de nostre religion, & comme il a abusé de la religion, contrefaisant du religieux, est puny par vn vray religieux. Au mesme lieu de S. Clou, comme nous auons dict, il auoit coniuré la ruine de l'Eglise & de la religion, la mort de nos bons Princes, le sac de Paris, & de toutes les villes de la France, qui luy auoient resisté & opposé à sa tyrannie. Au mesme lieu, *Cæcidit Babilon*, ceste creature superbe & orgueilleuse est tombee, & quasi a mesme têps de ses massacres : Car si vous côptez depuis les barricades, qui furent le 12. May, iusques aux massacrés, qui furent le 23. & 24. Décêbre, 1588, vous y trouuerez trentè-deux sepmaines & deux iours : & depuis lesdits massacres iusques à la mort du tyran, trête-deux sepmaines. Il fit iniquement mourir & emprisonner les prestres & religieux, iustement vn religieux le faict mourir. Faussant sa foy

& son ferment, il trompe & deçoit tous les
trois Eſtats. Premierement la Nobleſſe repreſentee par Monſeigneur le Duc de Gui-
ſe,qu'il feit maſſacrer le premier.Le tiers E-
ſtat,en empriſonnant les deputez.L'Egliſe,
faiſant le lendemain aſſaſſiner Monſeigneur
le Cardinal. Quoy conſideré vous remar-
querez q̃ les trois meſmes Eſtats d'vn meſme ordre,& de meſme ſuitte,ſont les inſtru-
mens de ſa ruine : Que comme il commença
à la Nobleſſe,ainſi le cõmencement de l'exé-
cution à eſté faict par le Comte de Brienne,
donnant entree à Frere Iacques par le moyẽ
de ſon paſſeport. Le ſecond repreſentant le
tiers Eſtat,eſt le Procureur general la Gueſle,qui luy donna entree en la chambre.Et le
tiers eſt l'Egliſe repreſentee par ce bon re-
ligieux.Vous ſçauez aſſez qu'en ſon ſurnom
anagrãmatiſé,il ſe trouue, O le Iudas,nom,
qui luy eſtoit fort propre & cõuenable : car
il eſtoit traiſtre comme Iudas. Iudas creua
par le milieu , & les boyaux de ce tyran luy
ſont ſortis par le ventre. Quelle pratique
vous doit apprendre ſes conſiderations,ſinõ
qu'il faut que vous recognoiſſiez qu'il eſt
vn Dieu qui punit les meſchans,par les meſmes moyens qu'ils ont tenus a faire leurs
meſchancetez,& qu'en ce faict il n'y a autſe
choſe que de ſon equitable iuſtice & iuſte
vengeance.

Henry donc par le iuſte iugemẽt de Dieu

estant mort, comme vous auez ouy , la rage
des tyrans henrionnistes s'eschauffe , & la
veulent descharger sur le corps de nostre
pauure martyr , qui auoit dés le iour precedent esté meurtry, & pour cet effect le vont
reprendre en l'Eglise ou ils l'auoiét mis, ils
le prennent & lient sur vne claye auec son
habit de religieux qu'il luy auoient laissé, &
le trainent par toutes les rues & par les fan-
ges de S. Clou, ce qu'ayant exécuté entrent
en doute si c'estoit vn religieux, ou autre ha-
billé en cet habit,& pource luy font lauer le
visage,& commandent à chacun de le veoir
pour recognoistre si ce n'estoit point q̃lque
soldat desguisé, & voyant que nul ne le re-
cognoissoit pour autre que pour vray religieux,le condamnent, tout mort qu'il estoit
a estre tiré à quatre cheuaux , son corps mis
en quartiers, puis estre ars, bruslé & mis en
cendre.Iugez Chrestiens,iugez ce qu'ils luy
eussent faict,si pour lors ils l'eussét tenu vif,
& si ce bon martyr auoit pas grande raison
de supplier la bonté de Dieu, que son tourment & martyre ne fust long. Tout cela fut
exécuté comme il auoit esté ordonné, esti-
mant par ce moyen effacer & perdre la memoire de celuy qui mouramt si heureusemẽt
reuiura eternellement,ainsi que dit l'Escri-
ture,que, *In memoria æterna erit iustus.* La memoire du iuste sera eternelle , voire mesme
en despit de tous les meschans atheistes qui

F iiij

s'efforcent blafonner vn acte tant vertueux,
fi fainct & tant loüable : car il n'y a chofe de
plus grand & excellent los, que de mourir
pour le qublic & pour la patrie.

C'eft le plus grand honneur que les anciés
ont creu, & qui a efté entr'eux en plus grand
eftime. Ce que fes braues Romains ont eu
en telle reuerence & recommandation, que
*pour efmouuoir & efpoinçonner la pofteri-
té a faire qlque acte vertueux pour la chofe
publique, non feulement eftoient honorez
ceux qui mouroient au feruice d'icelle, mais
encores à ceux qui feulement s'eftoient ha-
zardez, leur faifant vn indicible honneur, re-
uenant & raportant la victoire de quelque
belle entreprife les menoient par la ville en
triõphe, & en perpetuelle memoire, & pour
eternifer leur nom, leur erigeoient aux lieux
les plus éminens de belles ftatues, tant ils fe
fentoient obligez à ceux qui s'employoient
pour l'augmentation de la republique. Ce
qui a tellement efmeu & affectióné plufieurs
enuers la patrie, qu'ils ont faict pour icelle
des chofe incroyables. Comme il fe trouue
d'vn Anchurus, fils du Roy Midas, lequel
voyant que tout aupres de Celenus y auoit
vne cauerne & ouuerture de terre ou plu-
fieure perfonnes eftoient engloutis, & fça-
chant qu'il auoit efté dit par l'oracle d'A-
pollo (lequel les Gentils eftimoient pour
Dieu) que iamais cefte efpouuentable con-

cauité ne fe rempliroit fi quelqu’vn de fa
propre volonté ne fe precipitoit dedans : Il
fe refolut d’obeyr & obtemperer à l’aduis
de l’oracle, & volontairement voulut perdre la vie pour la donner à fon pays, fi que
ayant dit a-Dieu à fa femme, auec plufieurs
foufpirs lamentables, monta à cheual, cou-
rut à toute bride dans la cauerne, de laquelle il fut incontinent englouty, & ainfi cefte
foffe profonde fe referma. De mefme en feit
Curtius à Rome. Codrus n’eftima pas moins
cet honneur, en mourant pour garder fa foy
& fauuer fa patrie, que de fauuer fa vie en
fauffant fa promeffe, & faire chofe preiudi-
ciable à fon pays & à fa republique. Sceuola
ayant entrepris de tuer le tyran pour fauuer
& deliurer fon pays de la tyrănie, l’alla chercher iufques au milieu de fes Capitaines, &
ayant prins l’vn defdits Capitaines pour le
tyran, & voyant qu’il auoit fi mal a propos
failly, brufla fon mefme bras en la prefence
du tyran, fans monftrer figne qu’il enduraft
aucune chofe. Il s’en trouue infinis autres a-
uoir entrepris & faict de grădes chofes pour
l’amour qu’ils portoient à leur pays & au
repos d’iceluy, eftimant n’eftre hôneur plus
grand que de mourir en vne fi faincte occafion.

Sainct Thomas en la 2.2. & au chapitre 3.
fur les Senten. dit, que l’homme qui s’expo-
fe pour luy & pour les fiens, au danger de

mort, & pour deliurer vne perſonne publique , par laquelle l'Egliſe & la republique
eſt appuyee & ſouſtenue, c'eſt choſe loüable
Et au meſme lieu , que l'hôme qui ſe hazar-
de à la mort pour ſõ amy, eſt vn acte de per-
faicte vertu, pource que le vertueux deſire
plus l'amitié que la vie corporelle.   Que ſi
c'eſt choſe digne de loüange à vn homme
s'expoſant à la mort pour vn amy, combien
plus pour la patrie, ou il y a pluſieurs amis.

Et non ſeulement les Etniques & Payens
ont eu cet ardeur, mais auſsi ceux qui eſtoiét
enſeignez en la vraye & pure religion. Regardez ce qui eſt eſcript au 3. des Iuges , la
vous trouuerez vn ſemblable faict. Ahod
porte des preſens à Eglon , luy dict qu'il a
quelque choſe de ſecret à luy communiquer
s'enferme en ſa chambre auec luy , & ainſi
ſeuls tire vn poignard duquel il dague Eglõ
par le ventre , ſe hazardant de telle façon
pour ſauuer ſon pays. Iudith ſe miſt au meſme hazard, lors que conduite de Dieu elle
deliura ſa patrie , couppant la teſte à Holofernes.

Et afin que tu ne reſponde & die, ceux-la
n'eſtoient pas Preſtres : aduiſe cõme en vſa
le Prophete Elie , couppant la gorge luy
meſme de ſes propres mains à quatre cens
faux Prophetes. Le grand Preſtre chaſſa le
Roy à force, qui vouloit encenſer , & le fiſt
deuenir lepreux.   Pourquoy eſt-ce Politique

que , que tu trouue eſtrange que le preſtre
tue ſinon qu'en tant que tu le iuge , ou pour
le moins faits ſeblant de le iuger, eſtre touſ-
iours deuant la majeſté de Dieu , pour luy
offrir ce pur & net ſacrifice du corps preci-
eux de noſtre Sauueur , & pource ne doit a-
uoir les mains ſouillees de ſang humain? Si
tu auois le iugement bon & capable de rai-
ſon,tu te ſubmettrois au iugement vniuerſel
de l'Egliſe,& à la diſtinction que faict la ſa-
cree Theologie , entre ce qui doit eſtre ap-
pellé meurtre,maſſacre ou homicide , & en
ce qui ne le doit pas eſtre : & ainſi ne t'ar-
reſtant à ton leger iugement, tu ne fourche-
rois ſi lourdement. Que ſi tu ne faits ceſte
diſtinction,tous ceux qui tuẽt & font mourir,ſeront indifferemment appellez homicides : Comme quand Ahod à tué Eglon,Elie
tua les faux Prophetes,Iehu,Iezabel,Iudith
Holofernes : Les Anges meſmes, qui par le
commandement de Dieu en ont faict mourir vne infinité,& par glaiue & autrement,il
faudroit donc les appeller meurtriers & homicides : ceux que la iuſtice faict executer
ceux qui tuent aucuns en guerre, ſeroient e-
ſtimez tels,ce qui eſt trop abſurd. Et comme tous ceux que nous auons alleguez , ne
ſont appellez meurtriers & homicides,d'autant que ce qu'ils en ont faict n'a eſté que ſe-
lon la volonté de Dieu , & comme miniſtres
de ſa Iuſtice,ainſi en ce cas eſt-il de meſme :

G

car la fin de l'action de ceux-la tendoit au repos public, & au salut de la patrie. De mesme est-il en ce faict icy, S. Pierre, le premier des Apostres, voyant comme Ananias & sa femme Zaphira auoient pensé tromper & frauder l'Eglise, les fist mourir deuãt tout le peuple, afin que les autres prinssent cet exemple pour ne commettre doresnauant tel abus, & pour cela n'est repris de Dieu. Et nous voyons toutesfois (diras-tu) que le Saueur à dit à S. Pierre qu'il remist son cousteau, qui signifie bien comme il ne vouloit pas que les Prestres tuassent, ou blessassent personne. Le Saueur reprint S. Pierre d'autant qu'il vouloit empescher par sa resistence, l'effect pour lequel il estoit venu au monde, qui estoit pour souffrir mort & passion, & quant & quãt monstrer qu'il n'enduroit contre sa volonté : car qui resiste & empesche quelque chose, c'est signe que ce qui se faict est contre son gré. Dauantage le Saueur n'a pas tellement deffendu aux prestres de tuer, que au contraire il commande à ses Apostres de vendre leur tunique & achepter vn glaiue, afin de s'en aider en la necessité, & lors qu'il en seroit questiõ de son honneur & de la religion. Ie te laisse à iuger si nostre bon martyr en a vsé autremẽt. Tu diras, que Dieu n'a pas authorisé ce fait, puisque il a permis qu'il y soit mort. Ie te respond par la mesme obiectiõ, que s'il eust

eu la cauſe de ton Atheiſte pour agreable, il
ne fuſt pas mort, cõme cela eſt tres-certain,
& ton obiection neantmoins faulſe. Et par
exemple, on ſçait qu'autrefois le peuple de
Paris s'eſt reuolté contre ſon Roy, lequel,
ou fuſt que le peuple n'en euſt pas grande
occaſion, ou que le Roy fuſt plus homme de
bien que Henry de Valois (ou il n'euſt rien
vallu du tout) Dieu permit qu'il ſucceda en
cet affaire, & furent contrains les Pariſiens
luy demander pardon : ou au contraire, icy
ton malheureux y perd la vie, monſtrant aſſez par là, que Dieu n'eſtoit pas de ſa partie.
Ainſi permit-il que Achab mouruſt en la
bataille, pour y auoir eſté ſans ſa permiſsió.
N'eſt-ce pas encor vn grand teſmoignage,
que Dieu à en horreur ce party, veu que ce
vaillãt ſeigneur monſieur de Marolles, ieune Gentilhomme, au menton duquel la bar-
be commence encor à poindre, terraſſa &
renuerſa ſi heureuſement par terre, l'vn des
plus ruſé & adroit guerrier de toute l'armee
de ſes excommuniez, àſçauoir Mariuault,
luy paſſant ſa lance plus d'vn pied dans l'œil
dõt ledit ſieur de Marolles en remporta les
deſpouilles, àſçauoir le Cheual & les armes
dudit Mariuault. Et pour te monſtrer que
ta propoſition eſt faulſe, que veux-tu dire de
ce qui eſt eſcrit de Sanſon, lequel ſe fit mourir tirant les colomnes du baſtiment pour y
ruiner & perdre tous les Philiſtins? Que reſ-

pōdras-tu à Eleazar, lequel s'alla mettre souz
le ventre de l'Elephant ou il estimoit que le
Roy fust dessus, & luy donna du poignard dās
le ventre, fut accablé par le mesme Elephant,
lors qu'il tomba? Les Machabees sont ils pas
tous morts à la guerre? Et toutesfois vou-
drois-tu pour cela dire qu'ils eussent faict la
guerre contre la volonté de Dieu, veu qu'ils
deffendoient leur religion? Tu voy dōc combien sont nuls & friuoles tes propos, mais
i'entens bien, de l'heresie tu nous as voulu cōduire en l'atheisme, & de l'atheisme, que tu
tiens tousiours en ton particulier; tu nous
veux faire tomber en l'heresie, & par tes mes-
disances tu tasches à corrompre & deceuoir
la bonne volonté & resolution des plus sim-
ples. Qui t'occasionne de tenir tel language,
sinon pour obscurcir le faict de la iuste vengeance de Dieu sur les meschans, & pour te
faire accroire que toutes les actions humaines marchent impunément deuant luy, & af-
fermir ainsi en ceste faulse opiniō, tes desbor-
demens & ceux des Princes, pour se laisser aller a toutes sortes de cruautez & impietez?
Que si toy Politique, & eux aussi, voulez vser
d'vn plus salubre & plus sain conseil, ie vous
renuoye tous à Dauid, disant en son second
Psalme. *Apprehendite disciplinam nequando irás-*
catur Dominus, & pereatis de via iusta. Car apres
que vous aurez biē faict des vostres, apres que
vous aurez bien causé & perdu pied à voz en-

treprises, côme vous auez tousiours faict, gar-
dez-vous que Dieu ne s'irrite, & qu'en vn
coup ne sentiez à voftre dam & malheur, de
quelle cecité & aueuglement vous auez esté
touchez, n'ayant peu cognoistre les aduertif-
femens que Dieu vous a donnez, pour vous retirer d'auec ceux qu'au peril de voz ames, au
hazard de vos corps, & à la ruine de vos biés,
vous auez souftenus, portez & suiuis iusques
icy, & que le repentir n'en soit trop grief &
tardif. Et pource cessez, cessez, vos mesdisan-
ces, vos folles entreprises: car on les sçait trop
bien, & vos friuoles obiections. Croyez &
recognoissez auec nous, que cet acte ainsi tra-
gicquement poursuiuy, & heureusemét exécuté, n'est venu d'autre que par vne iuste &
équitable vengeance de Dieu.

FIN

SONET.

ENtendrons nous tousiours la voix des Politiques
Gronder côme mastins, blasphemer contre Dieu,
Leur serà il permis en public & tout lieu
Soustenir le party des Henris heretiques.

Souffrirons nous tousiours qu'ils facêt leurs pratiques
Et que de nous tromper ce ne leur soit que ieu,
Ne dirons-nous iamais qu'on r'allume le feu
Pour embraser tous vifs ses personnes iniques)

N'entendez vous pas bien les blasons & brocars,
Qu'ils iettent contre nous, & ses fardez caphars
Maudire les Chrestiens, pour Henry enragez.

Taisez vous malheureux si lon vous oit encor
Rien ne vous sauuera vos faueurs ny vostre or,
Que tous à vn gibet ne soyez arrengez.

Qui monachi virtutem habitu simulauerat olim.
Hunc monachi virtus non simulata necat.

Qui monachum quondam meditata fraude gerebat
Hunc bona fraus monachi meditata ferit.